# Бухта Морської Видри

Лорі Лайт

Історія для релаксації

Ілюстрації - Максим Стасюк

ISBN у паперовій обкладинці: 9781937985370

Перше видання 2008
Перекладне видання 2023

Опубліковано в Сполучених Штатах Америки
Надруковано в Сполучених Штатах Америки

# *Вітаємо!*

Ласкаво просимо до «Бухти Морської Видри».

Забавно удавати, що ти - морське дитя, або морська видра, уявляючи власну теплу скелю на якій можна відпочити. Влаштуйтеся зручніше, закрийте очі та насолоджуйтеся диханням.

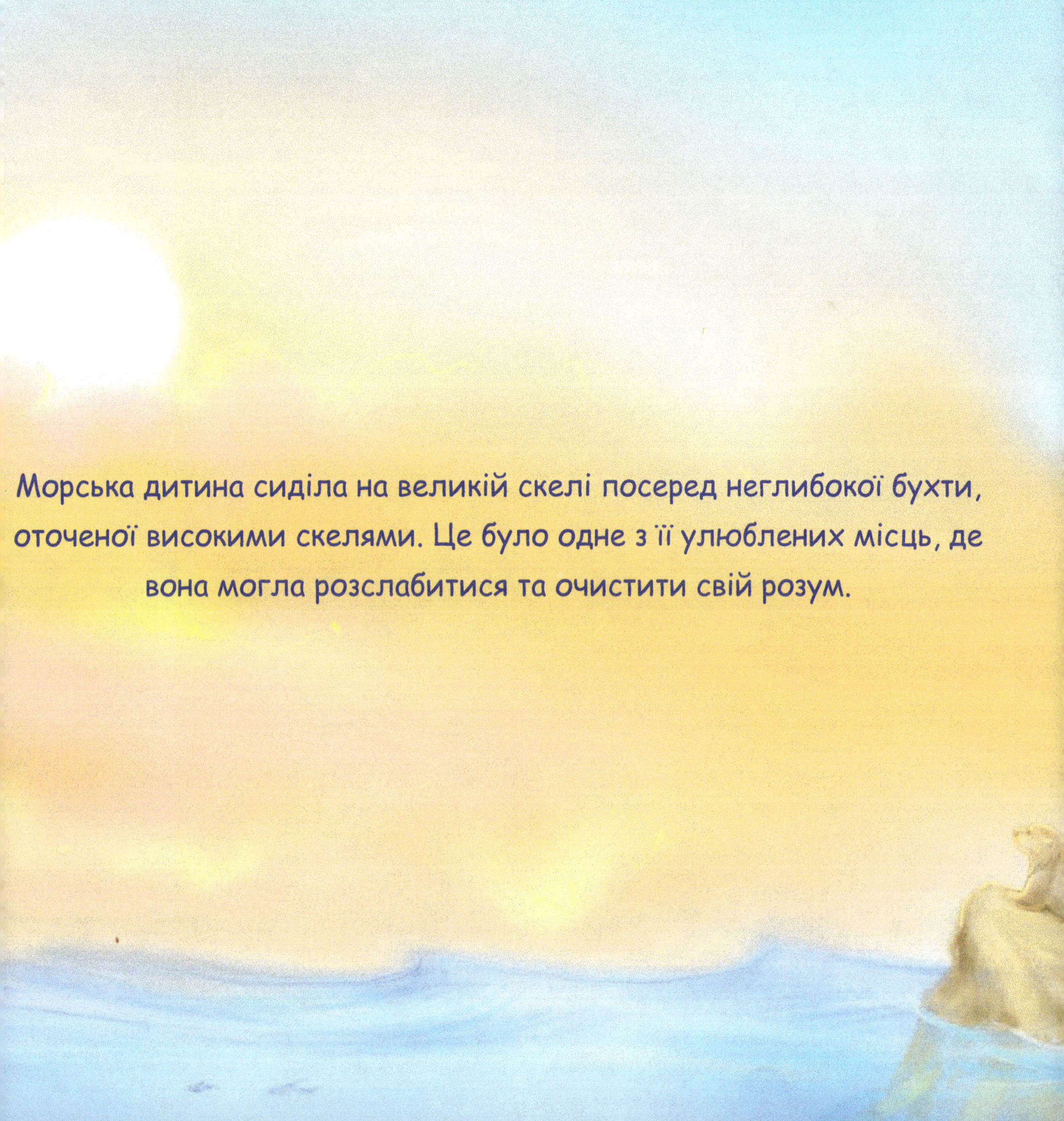

Морська дитина сиділа на великій скелі посеред неглибокої бухти, оточеної високими скелями. Це було одне з її улюблених місць, де вона могла розслабитися та очистити свій розум.

Багато морських видр припливали в цю бухту, щоб поїсти, пограти та відпочити у морських водоростях, що обіймали скелі. Вони любили покривати свої тіла довгими водоростями і плавно дрейфувати на хвилях. Це особливе місце отримало назву Бухта Морської Видри.

Морські видри залюбки ділилися своїм
затишним притулком із морським дитям.
Всі вони знали, що це чудове місце, де можна
відпочити, розслабитися та погрітися на сонці.

Вир кольорів скелі був ідеальним для поглинання білого, чистого світла сонця. Морська дитина обожнювала вмоститися зручніше та насолоджуватись сонячним теплом.  Вона виляла своїм тілом, поки не відчувала, як її хребет і спина розслабляються. Морська дитина заплющила очі та прислухалась до звуків морських видр, що гралися на хвилях, що плескалися об скелю.

Скеля міцно трималася проти бурхливих хвиль океану.
Морське дитя уявило, що скеля простяглася
через океан і далі, прямо через
пісок, з'єднуючи її з центром землі.


Вона відчувала себе надійно та в безпеці.

Одна з морських видр була дуже грайливою та курйозною. Їй подобалося ховатися за скелею і спостерігати за морською дитиною, коли вона приходила в гості.

Але сьогодні вона вирішила вийти зі своєї
схованки і лягти поруч  з морською дитиною.
Спостерігаючи за чайками, літаючими в небі у
неї над головою, морська дитина тішилася компанії.

Пір'я однієї з чайок, що кружляло у небі,
почало плавно падати вниз.  Морська дитина
засміялася, коли подувши на перо, воно почало
здійматися назад до хмар.  Вона помітила, що коли
вона це робила , її живіт наповнився повітрям та став
великим і круглим. Їй сподобалось це відчуття.
Це нагадало їй про те, як вона дихала в дитинстві.

Ще одна пір'їнка почала спускатися
до її обличчя. Морська дитина сказала
морській видрі покласти руки на живіт
і здути пір'ячко назад до хмар.

Морська видра, подувши на пір'їнку відчула, що її живіт
наповнюється повітрям, стаючи великим і круглим.
Морське дитя пояснило, що саме так повинен рухатися живіт,
коли вона практикує здорове дихання.

І сказало морській видрі вдихнути та видихнути повітря через ніс.
Вона зосередила всю свою увагу на кінчику носа. Цю вправу
на дихання вони зробили разом.


«Вдихайте через ніс і видихайте через ніс».
Вдихайте 2,3,4. Видихайте 2,3,4.
Вдихайте 2,3,4. Видихайте 2,3,4.

Морська дитина пояснила морській видрі, що вона може виконувати цю вправу на дихання, коли сердиться, боїться чи нервує. Таким чином, якщо зосередитися на повітрі, що рухається в та із кінчика носа, вона може заспокоїтись і почувати себе здоровою. Морська видра поклала руки на живіт і відчула, як він піднімається та опускається, вдихаючи та видихаючи повітря. Протягом декількох хвилин вони виконували цю вправу на дихання разом.

«Вдихайте через ніс і видихайте через ніс». Вдихайте 2,3,4. Видихайте 2,3,4. Вдихайте 2,3,4. Видихайте 2,3,4.

Морська дитина глибоко замислилась. Вона
почала думати про свої плани на завтра. Вона
уявила, що її думки це - пір'їнка, яку вона здуває
з черговим видихом. Морська дитина знову
зосередила свою увагу на диханні, вдихаючи
тепле ароматне морське повітря. Їй подобалося,
як це заспокоює її думки.

Вона зосередилася на тому, як повітря входить та виходить із її носа. Морська дитина відчувала, як її живіт піднімається та опускається, коли вона та морський видра продовжували дихати разом.

«Вдихайте через ніс і видихайте через ніс.»
Вдихайте 2,3,4. Видихайте 2,3,4.
Вдихайте 2,3,4. Видихайте 2,3,4.

Інша морська видра помітила, як спокійно та
розслаблено виглядають на скелі морська
дитина та її подруга. Вона залізла на скелю
і лягла поруч з ними.

*Вона почала вдихати та видихати через ніс,*
*Вдихайте 2,3,4. Видихайте 2,3,4.*
*Вдихайте 2,3,4. Видихайте 2,3,4.*

Незабаром й інша морська видра, що гралася на хвилях, помітила, які спокійні її друзі. Вона піднялася на скелю і поклала руки на живіт, приєднавшись до їхнього дихання.

Одна за однією всі морські видри припинили плескатися на хвилях, піднялися на скелю, поклали руки на живіт і почали вдихати та видихати повітря через ніс.

**Вдихайте 2,3,4. Видихайте 2,3,4.**

**Вдихайте 2,3,4. Видихайте 2,3,4.**

Незабаром уся скеля була вкрита морськими видрами. Вони відчули, як їхні животи піднімаються та опускаються, коли вони почали дихати із рештою видр.

Тепер скеля пульсувала, як велетенське серце, посилаючи
імпульс спокою, який торкнувся всіх і всього на своєму
шляху. Дихання в унісон було настільки чудовим і потужним,
що торкнулося глибин океану та висот атмосфери.
Чайки, пролітаючи над океаном, розслабилися,
дозволивши повітрю їх гойдати.

Вгору 2,3,4. Вниз 2,3,4.
Вгору 2,3,4. Вниз 2,3,4.

Вода піднімалася і опускалася, здавалося,
начебто океан зітхає.

**Вдихайте 2,3,4. Видихайте 2,3,4.**
Вдихайте 2,3,4. Видихайте 2,3,4.
Вдихайте 2,3,4. Видихайте 2,3,4.

Скеля, океан і чайки ставали спокійнішими, сильнішими і

зосередженими з кожним подихом. Вся земля

пульсувала та дихала в унісон.

**Вдихайте 2,3,4. Видихайте 2,3,4.**
Вдихайте 2,3,4. Видихайте 2,3,4.
Вдихайте 2,3,4. Видихайте 2,3,4.
Вдихайте 2,3,4. Видихайте 2,3,4.

# Насолоджуйтесь серією Stress Free Kids

## Щоб отримати більше історій, відвідайте
www.StressFreeKids.com

**Відвідайте дитячий магазин Stress Free на Amazon або там, де продаються книги.**

Подумайте про покупку в незалежних/місцевих книгарнях.
Щоб переглянути повний список,
www.Bookshop.org або www.IndieBound.org.

Зберіть всю серію Indigo Dreams і подивіться, як уся ваша родина справляється зі страхом, стресом і гнівом…

**CD/Аудіокниги:**

*Indigo Dreams*
*Indigo Ocean Dreams*
*Indigo Teen Dreams*
*Indigo Dreams: Garden of Wellness*
*Indigo Dreams: Adult Relaxation*
*Indigo Dreams: 3 CD Set*

**Книги:**

*Добраніч гусениця*
*Хлопчик та черепаха*
*Катання на бульбашках*
*Сердитий восьминіг*
*Бухта морської видри*
*Ткач самооцінки*
*Хлопчик і ведмідь*
*Плетіння самооцінки*

Книги, компакт-диски та уроки доступні на www.StressFreeKids.com

**Музичні компакт-диски:**

*Indigo Dreams: Kids Relaxation Music*
*Indigo Dreams: Teen Relaxation Music*
*Indigo Dreams: Rainforest Relaxation*